大家好！我是来自<u>未成年人检察部</u>的薇薇老师。

未成年人检察部 是专门办理未成年人犯罪案件、打击侵害未成年人的犯罪以及保护未成年人合法权益的部门。本书中收录的小故事都是薇薇老师经办的真实案例。希望大家可以通过这些"特别"的小故事，学法懂法、提高自我保护意识，远离犯罪和不法侵害，收获一个纯洁、无瑕的美好青春。

前　言

　　未成年人朋友，你们的生活充满温暖的阳光，你们的成长伴随欢快的笑声，你们的脸庞展露天真的模样。父母关心着你们，师长关怀着你们，社会关注着你们，因为你们是我们大家的宝贝。

　　但是，生活并不总是一直阳光灿烂、和风细雨，违法犯罪就像天空中偶尔飘过的阴霾，给一些未成年人本应亮丽的人生投下几分暗影。有的未成年人因冲动去伤害他人，因好奇而窃取财物，因义气而结伙打架，在懵懂间违法犯罪，受到法律的严厉制裁。有的未成年人则成为违法犯罪行为的受害者，稚嫩的身心受到深深的伤害。无论是违法犯罪还是受到不法侵害，这些未成年人都是不幸的，让人为之惋惜和心疼。

　　为了减少这些不幸的发生，需要大家了解一定的法律知识！法律在我们每个人身边，既是规范我们行为的标准，也是保护我们权利的武器。在开始成熟的花季里，你们要学法、守法，拒绝实施或参与各种违法犯罪活动；你们要知法、用法，增强保护自己的能力。

　　我们是检察官，是未成年人的朋友，保护大家是我们的职责。今天，我们把与未成年人有关的法律知识、自护技巧汇编成这样一本本小书，把法律送进校园，送到你的身边，希望对你有所帮助，伴随你长大成人！

最高人民检察院第九检察厅

目录 Contents

一、同打架有关的那些事儿

游戏引争议　同窗动拳脚…………………………02
"吃瓜"有风险　"评论"需谨慎………………………04
看着不爽就打人　女孩这是为哪般…………………07
当面莫揭他人短　小心掀翻友谊船…………………11

二、同网络有关的那些事儿

微信红包诱惑大　网络赌博陷阱深…………………16
网购不"私聊"　"私聊"不网购………………………19
谨防网上那些"美丽"的骗局…………………………21

三、羞于启齿的那些事儿

恶魔老师施猥亵　抑郁幼女行自残…………………26
伪善大叔博好感　单纯少女失童贞…………………29
低头上网无防备　车夫趁机施暴行…………………32
少女酒后不归家　忧心父母彻夜寻…………………34

目录 Contents

四、同盗抢有关的那些事儿

与善良为伍　做快乐少年……………………………38
一"机"红尘妹妹笑　无人知是偷窃来……………41
骚扰不成改抢夺　谎言不断陷囹圄…………………44
雪中送炭渡难关　谁知"馅饼"变陷阱……………47
生日会上闹围堵　暴力胁迫抢"钱包"……………50

五、寻求刺激过头的那些事儿

花季少年沉迷游戏　合伙上演"飞驰人生"………54
可怕的"开车初体验"…………………………………56

六、远离毒品的那些事儿

美丽罂粟多危害　毒品之花莫采摘…………………60
追求轻松和自由　吸毒贩毒进铁窗…………………63

一、同打架有关的那些事儿

游戏引争议
同窗动拳脚

　　17岁的小飞性格开朗,对当下一些热门的手机游戏如数家珍。一天课间,小飞正和一位同学津津有味地讨论游戏,身旁的阿杰喃喃自语了一句,说小飞吹牛,游戏没他打得好。

　　言者无心,听者有意。小飞觉得异常刺耳,他质问阿杰并要求阿杰向他道歉。阿杰也是个牛脾气,不服软地怼了回去。两个人你给我一拳,我给你一个耳光,在教室里扭打成了一团。直到老师闻讯赶来,才把他俩拉开。
　　咽不下这口气的小飞,在课后趁阿杰不注意又朝他鼻子打了一拳,导致阿杰鼻骨骨折。经鉴定,阿杰伤情达到了轻伤级别。

刑法

这不仅意味着阿杰需要送医治疗,更意味着小飞的打人行为已经触犯了刑法,构成了故意伤害罪。我国《刑法》第二百三十四条规定:故意伤害他人身体达到轻伤的,要处三年以下有期徒刑、拘役或者管制。

想到可能要面临的法律惩罚,小飞懊悔不已。

【薇薇语录】

在薇薇老师经办的未成年人刑事案件中,有很多是因为"玩游戏"引发的。有的为了获取上网费用而盗窃、抢劫;还有的因为沉迷游戏而做出伤人、杀人或者自杀、自残的极端行为。本案中的两位小男生,也因为"玩游戏"而引发争执,最终一个受伤,一个入狱。

在此,薇薇老师要特别提醒同学们,不要过分沉迷"游戏",更不能为了"玩游戏"去违法犯罪。须知——青春不是"游戏",错了不能"重玩"!

检察官：少年，你应该知道的法律那些事儿

 "吃瓜"有风险 "评论"需谨慎

2018年6月初的一天，小勇在"QQ说说"上更新了一条"伤感"的动态。同学小俊看到后，看热闹不嫌事大地评论了一句："分手快乐！"

本就沮丧的小勇看到后立马出口成"脏"，要求小俊删除评论。小俊却"不甘示弱"地用恶言怼了回去。双方互不相让，你一言我一语地在网上来了一场"口水大战"。

然而，这场同学间的小矛盾并没有就此结束。当天放学的时候，不服气的小俊在校门口又打了小勇两个巴掌，并放出狠话说："你不是有个厉害的大哥吗？明天让你哥来，你哥要是不来，我见你一次打你一次。""失恋"又挨打的小勇当即就向哥哥大勇控诉了自己被打的事。

　　大勇作为成年人,非但没有劝阻小勇,反而火上浇油地让小勇正面"应战"小俊,并叫了一群朋友"助阵"。而小俊一方,也早已召集了一伙人马,为了增加胜算,小俊他们还事先买了两把60cm长的西瓜刀。

　　第二天晚上,约架现场刀棍飞舞,一片混乱。小勇的头部被对方砍了一刀之后,当场瘫倒在地上鲜血直流。他的3个同伴也被对方砍伤,而小俊这一方的人看到对方严重的伤势,当即吓得转身就逃。公安机关在接到报警后,把双方参与打架的11人全部抓获归案。

刑 法

这11个人中,既有在校学生,也有参加工作的成年人,他们的行为均已经构成聚众斗殴罪。根据我国《刑法》第二百九十二条的规定,聚众斗殴是指纠集多人打架的行为,而且打架的双方都构成犯罪,因为这11个人都属于持械聚众斗殴,他们都将面临<u>三年以上十年以下有期徒刑的处罚</u>。

【薇薇语录】

同学们,三年有多长?三年是1095天,是26280个小时,是1576800分钟。为了逞一时的口舌之快,却要失去近158万分钟的人身自由,外加赔偿巨额的医疗费用。值得吗?

在薇薇老师办理的刑事案件中,大部分打架斗殴案件都仅仅是因为一个眼神,一句挑衅,或者彼此看着不爽,就各自纠集同伴而引发的。

诚然,"冲动"是青春期一种无法避免的情绪,但我们不能就此放任和无视这种负面情绪。尤其是当我们产生想用暴力去解决问题的念头时,一定要想想这份"冲动"背后需要付出的代价——须知"冲动是魔鬼,谁碰谁后悔",切不要因为一时的"冲动",而葬送了美好的明天。

看着不爽就打人
女孩这是为哪般

深夜，小巷的酒吧间，几个学生模样的女孩爆发了冲突，其中一个女孩遭到围殴。路过看到这一幕的市民打电话报警，被打女孩才得以获救。

原来，这几个参与群殴的女孩子在酒吧玩时，发现了坐在不远处和几个男孩玩闹的受害人伊娜，一股莫名的妒意突然从心头萌生。其中一人提议，编个理由把伊娜骗出来揍一顿"解解气"，于是就有了开头的那一幕。

更令人震惊的是，这样的殴打事件并非只有一次。据调查，这群女孩在短短一个月内接连作案5起，共殴打了8名女学生。

为什么这些女孩这么喜欢打人？
难道她们没有想过这样做会涉嫌犯罪吗？

为什么这些女孩这么喜欢泡吧？
难道她们的家长都不担心她们的安全吗？

薇薇老师发现，这些"暴力少女"的家庭往往并不圆满。父母或是离异，或者忙于工作，根本无心照顾她们。她们长期缺失必要的关心和管教，加上一些暴力作品的影响，"三观"开始扭曲。渐渐地，她们开始沉迷于用欺凌弱小的极端方式来寻求自我存在感。

刑法

由于她们的行为造成3名受害人轻微伤，根据我国《刑法》第二百九十三条第一款第（一）项的规定，她们均已构成 寻衅滋事罪，等待她们的将是法律的惩罚。

【薇薇语录】

酒吧、KTV等娱乐场所环境复杂，经常发生各种各样的"突发事件"，作为未成年人的我们如果身处其中容易受到伤害。

《预防未成年人犯罪法》第33条规定，营业性歌舞厅以及其他未成年人不适宜进入的场所，应当设置明显的未成年人禁止进入标志，不得允许未成年人进入。同时，营业性电子游戏场所在国家法定节假日外，不得允许未成年人进入，并应当设置明显的未成年人禁止进入标志。对于难以判明是否已成年的，上述场所的工作人员可以要求其出示身份证件。

《预防未成年人犯罪法》第55条规定：违反第33条

规定的，由文化行政部门责令改正、给予警告、责令停业整顿、没收违法所得，处以罚款，并对直接负责的主管人员和其他直接责任人员处以罚款；情节严重的吊销营业执照。

　　如果已经身处其中，那就一定要提高警惕，不要随便接受陌生人的饮料或者食物，不要随便跟随他人去偏僻的地方。遇到危险时，首先要保证自己的人身安全而不是财产安全，其次找机会报警求助。

　　同时，薇薇老师也想提醒一些有着和本案中几个女生"类似经历"的同学们——欺凌弱小一点都不"酷"！也无法让你获得真正的关注与认可！不开心的时候，试着多和亲人与朋友沟通交流，也许你会发现：他们很爱我们，也更需要我们的爱！

当面莫揭他人短 小心掀翻友谊船

小胜和小磊原本是一对好朋友。他们打小一块长大,16岁这年又一起外出打工,感情十分要好。然而谁也没想到,这么要好的一对发小,却因一句玩笑话发生了不可挽回的争执,从此彻底改变了他们的命运。

一天,小胜、小磊和几个好朋友外出游玩,途中小胜说想跟母亲去福建打工,但又怕那边天气太热,小磊开玩笑地说:"你全家都是胖子,所以怕热。"

谁知小胜听了顿时火冒三丈,和小磊激烈地争吵起来,盛怒之下小胜还打了小磊一拳,好在随行的朋友及时劝架,矛盾才得以平息,但原本开心的旅程只好草草收场。

事后,小胜感觉怒气难消,想找个机会教训一下小磊;而小磊则觉得自己当着这么多朋友的面被打,太没面子了,也想扳回一局。当晚,小磊约小胜见面。小胜预感可能会打架,就偷偷揣了一把水果刀藏在衣服里。

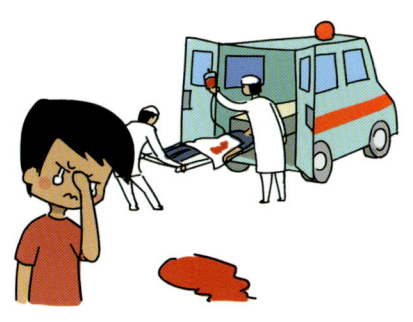

果不其然,两人见面后大打出手。打斗过程中,小胜头部中了一拳,怒火攻心的小胜立即掏出水果刀,一阵乱捅,结果小磊受伤倒地。看着倒在血泊中的小磊,小胜一下清醒过来,急忙报警求助。经过全力抢救,小磊虽然脱离了生命危险,但却被捅成重伤躺在重症监护室中,而小胜因为涉嫌故意伤害罪,被关在看守所里等待法律的制裁。昔日形影不离的好朋友,却因为一句玩笑话两败俱伤。

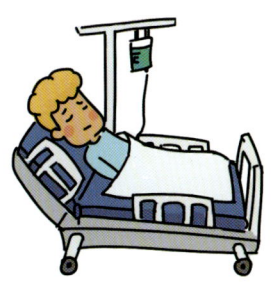

【薇薇语录】

人有短,切莫揭。同学们在与他人相处的过程中,要学会相互关心,相互尊重。切忌给别人取侮辱性的绰号,对他人进行人身攻击,把嘲笑别人当作乐趣。只有在相互尊重的土壤上,友谊之花方能长开。

二、同网络有关的那些事儿

 **微信红包诱惑大
网络赌博陷阱深**

一天,公安局的民警接到小雷妈妈的一通报警电话,称小雷在一个微信群里"抢红包"输了很多钱。民警迅速展开了调查,很快便将这个微信群的群主以及参与"抢红包"的人陆续抓获。

 微信"抢红包"怎么反而会输钱?又怎么会严重到抢进了公安局呢?且听薇薇老师徐徐道来——

据小雷交代,不久前他在网上认识了一个叫阿信的男子,特别投缘。阿信得知小雷手中有一笔压岁钱,就邀请他加入一个微信群。这个微信群会经常发红包让大家抢,"手气最差"的人要继续发红包,其他人则可以"白抢"。

小雷抱着试一试的心态也抢了起来。起初的一个星期里,小雷都没有抢到最小的红包,不知不觉竟抢了2000多元。然而接下来不到三天的时间,小雷却将这2000多元连同自己的压岁钱都输了个精光。

小雷慌了,急忙问阿信该怎么办。阿信淡定地说,只要坚持下去一定能连本带利赢回来,小雷深信不疑。于是,小雷就偷偷拿妈妈的手机进行微信转账,转账金额从2000元到5000元,从5000元到1万元。小雷越陷越深,无法自拔,最后竟输了整整5万元。终于,纸包不住火,小雷妈妈得知真相后报警求助。

刑 法

案件移送到检察院后,检察官经过调查,认定该微信群中的"抢红包"行为属于网络赌博,我国《刑法》第三百零三条明确规定,以营利为目的,聚众赌博或者以赌博为业的构成犯罪,<u>可处三年以下有期徒刑、拘役或者管制,并处罚金</u>。最后,检察官以涉嫌<u>开设赌场罪</u>对阿信提起公诉。参与"抢红包"的成员,也纷纷受到了法律的处罚,其中也包括小雷。

【薇薇语录】

　　同学们想必对微信"抢红包"的经历都不陌生,但还需认清这其中的"安全线"!如果是家人或朋友之间发些小额红包互相娱乐,这在法律上视为赠与,并不会涉及违法犯罪;但如果是像小雷这种赌博性质的"大红包",千万不能随便抢!俗话说"十赌九输",赌博的恶习千万不能沾染!

　　同时,薇薇老师也要提醒大家——网上交友一定要谨慎,不要轻信他人,暴露自己的个人信息和财产信息。须知世上没有免费的午餐,网上那些看似诱人的"福利"其实都是可怕的陷阱。对于家长给的零花钱和压岁钱,我们应该好好珍惜节俭使用,千万不要浪费在游戏和攀比中,更不能用于赌博等违法犯罪活动!

# 网购不"私聊" "私聊"不网购

一天,外出打工的小飞在家人的陪同下,泪眼涟涟地跑到公安局报案,称他在"闲鱼"(网络二手交易平台)上买东西时被骗了1.1万元钱。这到底是怎么回事呢?

原来,小飞一直对摩托车情有独钟。由于学习成绩一般,他早早辍学,梦想着打工赚钱买一辆摩托车。然而新车太贵,小飞便时刻关注"闲鱼",希望能找到一辆物美价廉的二手车。

某天,小飞在"闲鱼"上看到一个昵称叫"李大豪"的卖家发布了一款摩

新车:4万元　　"李大豪":1.5万元

托车,市价要4万元,而李大豪仅开价1.5万元。欣喜之余,小飞立刻联系李大豪想再砍砍价,而李大豪给出回复却只有两个字——"私聊"。

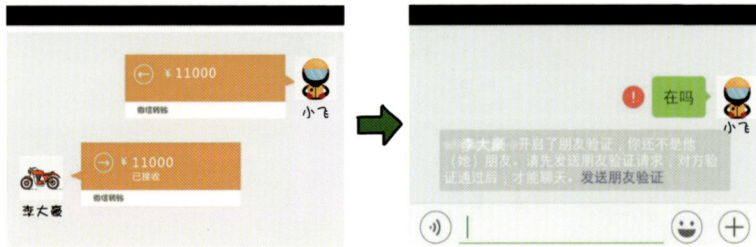

小飞没有多想就加了李大豪的微信。经过一番讨价还价，李大豪同意再降价4000元，附带把过户手续也办好。于是，小飞满心欢喜地将1.1万元钱通过微信转账给了对方。第二天，小飞本想问问李大豪什么时候可以发货，结果却发现自己的微信已被拉黑，而对方的闲鱼账号也已删除，无法联系。

经过侦查，民警帮小飞找回了这1.1万元钱。骗子李大豪也因为涉嫌诈骗罪被公安机关抓获。令人意想不到的是，李大豪压根就没有摩托车，他发给小飞的图片都是从网上下载来的。

【薇薇语录】

现如今，网上购物虽然十分便捷，但也存在一定的风险。薇薇老师在这里提醒大家——网购一定要选择正规平台，切忌贪便宜接受"私聊"以及点击一些不明链接，如果需进行大额交易，要先和家长商量。如果受骗了，一定要及时报警，以最快捷、有效的方式止损。

 谨防网上那些"美丽"的骗局

17岁的小唐在QQ上认识了一个叫小美的女生。小美温柔体贴,善解人意,很快两人就成了无话不谈的好朋友。在聊天中,家境贫困的小唐得知小美所在的"化妆品公司"可以赚大钱,于是不远千里投奔小美。

小唐见到小美后,小美告诉他想进"公司"要先交2900元的培训费。为了学好赚大钱的"本领",小唐想尽办法凑足了培训费交给"公司"。

谁知上班后小唐发现"公司"根本没有什么化妆品可以卖,培训的"老师"教小唐用女性身份申请QQ或微信,然后通过漂流瓶、摇一摇等途径去加好友,获得好友信任后,以自己生病住院需要手术费、手机快欠费停机等理由去骗钱!

小唐想离开，却苦于身份证被"公司"扣押，身上又没钱，"公司"还规定上街外出必须有人陪着。看到身边的人都在熟练使用QQ、微信"交友赚钱"，久而久之，小唐改变了最初的想法，渐渐地加入这个行当，并先后从多名网友那儿成功骗取一万多元。

正当小唐沉浸在"第一桶金"的喜悦中时，警察突然出现将整个"公司"的成员全部抓捕。原来，所谓的"化妆品公司"其实根本就是一个网络诈骗团伙。

刑 法

小唐原本只是一名误入诈骗团伙的受害者，但却因一念之差选择和犯罪分子同流合污，根据我国《刑法》第二百六十六条的规定，他已构成<u>诈骗罪</u>，等待他的将是法律的惩罚。

【薇薇语录】

同学们，网络社会和现实社会一样，有好人，也有坏人。所以，骗人之心不可有，防人之心也不可无。网上交友时，一定不要轻易相信他人，不要把我们的名字、年龄、家庭住址随便告诉网友。当网友突然向我们寻求钱财的帮助时，很有可能是诈骗；当他们要求我们加入他们的"公司""团队"时，很有可能是传销或诈骗组织在拉人入伙。碰到这种情况我们应该多跟家长商量，不要轻易做决定。如果我们真的不幸像小唐一样被骗到犯罪组织，也不要太慌张，不轻易和坏人产生正面冲突，可以假意配合，然后开动我们的脑筋，想办法逃跑或拨打110报警求助。

三、羞于启齿的那些事儿

恶魔老师施猥亵
抑郁幼女行自残

去年夏天,徐叔叔突然接到女儿苗苗班主任的电话,说苗苗在学校变得沉默寡言还拿小刀割自己的手脚。徐叔叔大惊失色,赶忙接苗苗去医院治疗。

事后,不论徐叔叔怎么问苗苗,苗苗都闭口不谈为何自残。无奈之下,徐叔叔只能寻求心理医生的帮助。在心理医生的开导下,苗苗慢慢地讲出了自己藏在心底的秘密……

由于徐叔叔两口子工作忙,苗苗平时放学后都会去一家补习班做作业。补习班有一个杨老师,特别"关爱"苗苗,苗苗也十分信任他。然而谁也没想到,就是这位看似"慈父"般的杨老师,却对苗苗做出了非常恶劣的事情。

一天傍晚，杨老师趁补习班放学就只剩苗苗和自己两个人的时候，以看电影为由猥亵了苗苗，并威胁苗苗不可以告诉父母。接下来的一个学期里，杨老师总是会找各种理由和苗苗独处，然后对她做同样的事情。

创伤后应激障碍

这段羞耻的记忆深深地刻在苗苗的脑海里，她觉得是自己的错，但是又不知道怎么告诉家里人，就只好用伤害自己的方法去发泄。苗苗的这种行为，被心理医生诊断为创伤后应激障碍，是一种心理疾病。

刑 法

得知事情的真相后，徐叔叔马上带着苗苗去报警，公安机关立即立案，抓捕了杨老师。根据我国《刑法》第二百三十七条规定，杨老师因犯<u>猥亵儿童罪</u>被判处<u>有期徒刑四年</u>。

【薇薇语录】

隐私部位

前面提到的"猥亵"（wěi xiè）一词，简单来说就是他人为了追求感观刺激，用肢体触碰我们的隐私部位或强迫我们去触碰别人的隐私部位或观看有关视频图片。

在薇薇老师经办的类似案件中，熟人作案的比重占七成以上，他们中有小区保安、邻居、补习老师甚至亲戚等，这些人往往容易让我们产生信任感，放松警惕，我们要特别注意！

如果遇到坏人猥亵我们，我们应该严肃地对他说"不要！"同时勇敢地大声呼喊、求救，吓走他们。如果坏人还是没有停止，那我们就要在确保生命安全的前提下开动脑筋，找机会或者创造机会逃跑。事后，无论坏人对我们的伤害是否成功，我们都要第一时间告诉父母或其他可以信赖的大人并报警，千万不可以像苗苗一样为坏人保守秘密，更不可以将过错归咎于自己，伤害自己！

希望同学们可以从这个故事里吸取教训，同时回家也要记得提醒爸爸妈妈们——不要轻易地把我们单独托付给那些所谓的"熟人"哦！

伪善大叔博好感 单纯少女失童贞

一天,11岁的小杨放学回家时突然发现身后有人在跟着她。小杨害怕地加快了脚步,但对方很快走到了她身边与她搭讪。见对方十分"友善",小杨渐渐放松了警惕,和他说起话来。

接下来的一段时间,这个男子经常在学校门口等小杨,还时不时地给小杨零花钱。小杨觉得这名男子对自己很好,就越来越信任他,并向他倾诉,家人都很忙,平时几乎没时间陪她。

某天下午,这名男子确认小杨家里没人后,跟着小杨进了家门。之后,他露出了邪恶的真面目,对小杨进行猥亵。小杨不明白他在做什么,只是本能地感觉到慌张和厌恶,但看到他笑脸盈盈,还不断许诺给自己零花钱,便不再反抗。

此后,类似的事情还发生了好几次,小杨也因此从这名男子那儿获得了很多"零花钱"。她用这些钱请同学们吃零食,赚足了面子,大大满足了自己的虚荣心。渐渐地,小杨觉得这名男子对自己做的那些动作也没什么"大不了"的。

直到一天,小杨妈妈偶然发现小杨书包里大把的零花钱,联想到小杨有时候回家很晚甚至还会说谎,小杨妈妈当即询问小杨才得知真相。小杨妈妈听完之后气愤不已,立即向警方报了案。这名男子最终受到了法律的严惩。

【薇薇语录】

俗话说，"无事献殷勤，非奸即盗"。陌生人突如其来的"善意"背后，也许潜藏着不可告人的恶意。我们要时刻注意自我保护，拒绝金钱和物质的诱惑！要知道这世上没有任何东西能与我们的身体作等价交换。

像故事中的小杨，表面上她好像没受到什么严重的伤害，甚至还得到了一些好处，但是等她到了明白是非的年龄后，这段糟糕的经历可能就会成为她心中的阴影。

另外，薇薇老师也要提醒一下各位家长，虽然像小杨这种案例属于个别现象，但也不可以掉以轻心！须知侵害一旦发生，对孩子就是百分之百的伤害。所以在日常的生活中，不要因为工作的繁忙而忽略了孩子的成长，我们应该投入更多的时间和精力去陪伴孩子，及时了解孩子的动态和心理，满足孩子们合理的需求，让孩子们能够感受到我们彼此的爱。

低头上网无防备
车夫趁机施暴行

小惠是一名17岁的高中生,同时也是个手机"低头族"。一天,小惠在家门口拦了一辆三轮车去培训班补习。由于平时都由父母接送,小惠并不熟悉去培训班的具体路线,她坐上车把大概地址告诉车夫之后就开始低头玩手机。

三轮车夫看小惠长得漂亮又毫无戒心,竟然起了歹意。他载着只顾玩手机的小惠偷偷往自家骑去,而小惠自始至终都没察觉。到了目的地,三轮车夫骗小惠说,培训班就在楼上并主动带她上去,小惠不假思索地跟着他上了楼。

直到进了房间,小惠才发现不对。然而为时已晚,三轮车夫一把将小惠拽进了房内,意图侵犯她,小惠拼命地挣扎呼救,结果激怒了三轮车夫,被残忍地杀害。

几天后,这个"恶魔车夫"被警察抓获,最终被法院以强奸罪、故意杀人罪判处死刑。

【薇薇语录】

小惠的故事让我们觉得无比的心痛与惋惜!试想小惠如果没有一直低头玩手机,这场悲剧或许就能避免!然而人生从来都没有"如果"。同学们要引以为戒——不做"低头族"!更重要的是时刻保持自我保护的意识!出门在外要时刻和家人保持联系,提防陌生人突然地搭讪、示好,避免和陌生人在私密空间独处等。万一不幸遭遇坏人侵害时,我们应该把自己的生命安全放在第一位!面对某些凶恶的坏人,当拒绝、求救、挣扎等方式都不管用时,应该尽可能地让自己冷静下来,避免进一步激怒坏人,造成更可怕的伤害。事后一定要及时报警,让法律来惩罚坏人。

少女酒后不归家
忧心父母彻夜寻

寒冬腊月的汽车站,凌晨两点,一对中年夫妻心急如焚地挨家走访附近的小旅馆找女儿。他们的女儿怎么会不见了?为什么他们要到旅馆去找?故事要从这天的中午说起——

当天中午,小琳打扮得花枝招展准备出门。她和父母说,自己要去KTV参加一个同学的生日聚会。结果一直到深夜,13岁的小琳还是没有回家。父母给小琳打了无数个电话都打不通,于是打给一起参加聚会的同学询问,同学说聚会下午就散场了,小琳喝了很多酒一个人离开了。

小琳的父母瞬间紧张起来！经过多方打听，他们得知女儿在聚会散场后是去找了一个叫小祥的男孩，之后两人又去了汽车站附近一家小旅馆。于是，这对夫妻急忙去这些小旅馆挨个寻找小琳的下落，情急之下还报了警。

他们发疯似地一直找到凌晨两点，终于在一家不起眼的小旅馆里找到了小琳和小祥。小琳披头散发，昏昏沉沉地被父母扶着，小祥则直接被带上了警车！为什么小祥会被警察叔叔抓走？他和小琳在旅馆房间里究竟发生了什么呢？

原来，由于父母工作忙没空陪伴小琳，小琳便经常上网聊天交友。她和小祥就是通过QQ认识，并发展为"男女朋友关系"的。当天聚会结束后，小琳去找小祥。随后，两人在旅馆房间里发生了性关系。

刑 法

根据我国《刑法》规定，和不满十四周岁的女孩发生性关系，不论她是不是自愿的，都会构成**强奸罪**。因此，小祥的行为已经涉嫌犯罪！

【薇薇语录】

青春期的情窦初开本是甜蜜而美好的，但是将萌动的情感和肉体联系在一起却变成了涩之又涩的苦果。未成年的女生生殖系统正处于生长发育期，过早发生性行为，甚至怀孕堕胎都会对身体造成巨大损害，严重的还会导致终身不孕。故事里的小琳在同学的聚会上喝酒，也是对自己的身体健康不负责任的行为。

最后，薇薇老师也想提醒爸爸妈妈们，千万不要像故事里的父母一样，只忙于自己的事情而忽略了孩子，孩子的成长只有一次，我们要多多和孩子沟通，在孩子情感萌动的时候给予正确的引导，让孩子的成长少走弯路、岔路。千万不要等孩子"完全迷路"了，才"彻夜疯找"！

四、同盗抢有关的那些事儿

与善良为伍 做快乐少年

一天，看守所里收押了一名"奇怪的小偷"。他不仅经常偷别人的东西，甚至还偷自己家的东西。这又是怎么一回事呢？

原来，小刘小时候误食药物，导致记忆力变得很差，小学没毕业就辍学了。无所事事的他平时就喜欢上网玩游戏。在网吧里，16岁的小刘认识了比他大几岁的小定。小定十二三岁就开始出来"混社会"，抽烟喝酒样样在行。在小刘的眼里，小定的各种恶习反倒成了耍酷、耍帅的表现，小刘对小定很是崇拜。

认识久了，小定就经常带着小刘去偷东西，比如趁停在路边的轿车门没锁，就拉开车门偷点零钱和吃的。由于盗窃金额较小，还没有达到犯罪的标准，小刘他们被警察警示教育后作了行政拘留10日便被释放了。

　　一天,小刘犯了烟瘾,却没钱买烟。小刘想起爸爸白天出去工作不在家,就和小定商量去他房间找些值钱的东西卖了买烟,小定二话不说就答应了。虽然房门锁着,但是窗户是开着的,小定将手穿过窗户,从里面把房间的门打开,两人将里面的电视机和电冰箱搬了出来,卖给了二手市场。

刑 法

　　在这里,薇薇老师要告诉大家,即使是偷拿家里的钱,也可能会构成犯罪,受到处罚。同时,《中华人民共和国刑法》规定,即使是未满十六周岁的未成年人,如果实施了犯罪行为,在必要的时候,会被政府收容教养,接受学习和行为矫治。案例中的小刘在错误的道路上越走越远,甚至还跟着小定去偷东西。最终,小刘的行为触犯了我国《中华人民共和国刑法》第二百六十四条的规定,已经构成盗窃罪。

【薇薇语录】

　　同学们正处于青春期，冲动爱冒险是大家普遍的心理特征。如果受到不良影响，就很容易走上违法犯罪的道路。俗话说，近朱者赤，近墨者黑。我们一定要慎交友，交益友，才能互相学习，共同进步。

　　故事中的小刘早早辍学，没有接受过系统的教育，缺乏辨别是非的能力。不仅交了坏朋友，而且还学会了吸烟，吸烟不仅危害我们的身体，更重要的是它会"上瘾"。没有经济来源的小刘，为了满足烟瘾，就容易想到通过盗窃、抢劫等犯罪行为去寻找"烟资"。

　　细究小刘屡教不改，频频盗窃的原因，我们还发现，他有一个不健全的家庭。小刘从小缺乏父母的关爱，也不愿意服从父母的管教，亲子之间几乎零沟通。薇薇老师想说，父母是孩子一切言行举止的启蒙老师，不要因为工作的忙碌而忽略了孩子的成长，我们给孩子多一点点关怀，也许一句话，一个动作，就能避免孩子走上歧路。

 # 一"机"红尘妹妹笑 无人知是偷窃来

深夜的一家网吧里,监控器下一双小手偷偷地伸向了一部放在电脑边上的手机,突然,一副银晃晃的手铐落在了这双手上,小偷被当场抓获。出人意料的是这个"网吧小偷"竟然是一名17岁的高中生。

这名高中生的名字叫小龙,据他交代这并不是他第一次行窃,截至被抓,他先后一共偷了10部手机,销赃得款2000多元。

据了解,小龙家庭条件并不困难,平时也有零花钱,那他究竟是为什么一而再、再而三地铤而走险去盗窃呢?

原来，半年前小龙通过网络交了一个"女朋友"小美。为了讨小美欢心，小龙无心学习，成天想着怎么给她买礼物、制造惊喜。很快，父母给的零花钱就挥霍一空。

一天深夜，小龙和同学在网吧通宵上网。刚巧隔壁有个顾客把手机放在桌子上趴着睡着了。看着熟睡的顾客以及崭新的手机，一个邪恶的想法突然在小龙的脑海里闪现：偷手机卖钱给小美买礼物！于是，小龙紧张地实施了他的第一次盗窃。一切似乎进行得很"顺利"，小龙没有被人发现，事后还卖了几百块钱。

尝到"成功"的甜头后，小龙变本加厉，用同样的方法先后多次行窃。就在最近的一次行窃中，小龙被警察当场抓获。

刑 法

经相关部门估价，小龙盗窃的10部手机共价值人民币1万元，根据我国《刑法》规定，小龙已构成 <u>盗窃罪</u>，等待他的将是法律的惩罚。

【薇薇语录】

　　小龙之所以会走上违法犯罪的道路，主要是因为缺乏是非观念和规则意识。

　　同学们，"花开有时，交往有度"。我们在不同的人生阶段都有各自需要完成的任务。作为学生，我们的首要任务是要好好学习，不断地充实自我。青春期的情感懵懂而美好，但如果不切实际甚至用违法犯罪所得来表达感情，就是幼稚和错误的。由于受到年龄和生活阅历的限制，同学们还处在懵懂探索的过程中，今后遇到事情的时候，一定要懂得明辨是非对错，守住法律的底线，切不可为了一时的虚荣和面子去做违法犯罪的事情。

检察官：少年，你应该知道的法律那些事儿

 骚扰不成改抢夺
谎言不断陷囹圄

　　16岁的莱恩年纪轻轻就离乡外出打工，经朋友介绍在某市一家量贩KTV当服务员。一天上午，莱恩还在宿舍睡觉，警察来了。原来，前一天晚上莱恩与一伙朋友在包厢喝酒庆生，直到凌晨1点才散场。回去路上，莱恩经过一个公交站台，看见一个高挑的女孩子独自行走，由于酒精的作用，莱恩竟想去骚扰她。

　　看到女孩正坐在公交站台的座位上低头玩手机，莱恩悄悄绕到她身后，靠近她轻佻地叫了一声"小姐姐"。毫无防备的女孩惊得整个人都跳了起来，而莱恩也被她的反应吓到了，酒劲一上头，夺过她的手机，慌不择路地跑了。

被抓后莱恩说已经把抢来的手机扔到了附近的垃圾桶里,还带警察去翻垃圾桶找手机,但民警苦苦搜寻数小时后却一无所获。正当大家都以为手机找不回来的时候,莱恩的父亲却突然打来电话说手机找到了,就在莱恩寝室里!这又是怎么一回事呢?

原来,莱恩抢了手机回到寝室后先把它藏在室友的行李箱里,之后他就去了别的寝室睡觉。当警察找上门的时候,他谎称此处就是自己的宿舍,导致警察没能当场找到手机。然而天网恢恢疏而不漏,室友很快就从行李箱里发现了这部手机并及时通知了莱恩的父亲。

刑 法

之后,手机被送回,女孩也没有受伤。虽然莱恩的行为没有导致更严重的后果,但是检察官还是把他起诉到了法院,因为莱恩在犯罪以后,<u>不但没有悔过的表现,反而还说谎欺骗警察和司法机关</u>。根据我国《刑法》第二百六十七条的规定,莱恩的行为构成<u>抢夺罪</u>,接下来的<u>6个月</u>,他只能在监狱里度过。

【薇薇语录】

　　同学们，在我们成长的过程中，谁都难免会犯错。犯错并不可怕，只要我们鼓起勇气去承认、去改正。犯罪比起犯错虽然更为恶劣，但也不是完全无法挽回。

　　对于那些初犯、偶犯，犯罪情节轻微的未成年人，如果能真诚地认错悔过，积极配合调查，那么检察官们在认真评估后也可能会给予他们改正错误的机会。但如果是像莱恩这样不知悔改，一错再错地撒谎误导办案人员，那么等待他的便只能是无情冰冷的铁窗。

　　最后，薇薇老师还要提醒大家，远离本次案件中的一个隐藏"导火索"——酒！酒精对我们未成年人身心健康伤害极大。醉酒会让我们丧失自制力，做出一些可怕的事情，同时也大大增加自身受到伤害的概率。案件中的莱恩如果不是因为喝酒，也不会想着调戏女孩，抢夺手机。所以，处于成长发育阶段的未成年人，要拒绝饮酒！

雪中送炭渡难关
谁知"馅饼"变陷阱

小唐、小何、小聂三人是"志同道合"的好朋友。他们一致觉得读书没有用,决定一起辍学去外地打工。然而恰恰是因为他们没好好读书,学历低,年龄又小,所以找不到合适的工作,身边的积蓄很快也花光了。正当他们走投无路时,一位"好大哥"突然出现在他们的面前。

这位"好大哥"十分"仗义",先是带小唐他们吃饭,还出钱请他们住上了宾馆。三人暗喜自己是出门遇贵人了,而此时"好大哥"却说:"我们的钱快用完了,作为好兄弟,现在该是你们报答我的时候了,你们三个人一起出去抢点钱过来。"小唐三人听了大惊失色,但"好大哥"一直说:"未成年人抢劫没事的,哪怕被警察抓了,也会无罪释放!"最终,小唐他们还是答应了。

"好大哥"给他们买了三把折叠刀,并交代他们挑身材瘦小、单独在路上走的女性下手,如果对方敢反抗,就拿刀捅她!

这天深夜,小唐三人在街上物色了很久,终于发现了一个独自背包边走边玩手机的女生。他们一路尾随女生到家门口,趁她开门时一拥而上。因为是第一次抢劫,他们十分慌张,在女孩子的强烈反抗和大声呼救下,只抢到了一部苹果手机就匆匆逃离了现场。

我是警察!

得手后,小唐他们把赃物交给了"好大哥",以为这就没事了。然而案发后第二天,当他们还在宾馆里呼呼大睡的时候,警察就押着那个"好大哥"敲响了他们的房门。

刑 法

根据我国《刑法》第二百六十三条规定，犯抢劫罪，至少要判处三年以上有期徒刑，如果有造成别人重伤或者死亡等严重后果的，会被判处十年以上有期徒刑、无期徒刑直至死刑。虽然小唐三人未满18周岁，但已超过14周岁，抢劫属于严重暴力型犯罪，因此他们一样要负刑事责任，受法律的制裁。

 【薇薇语录】

同学们，世上没有免费的"午餐"。社会上总有些看似慷慨仗义，实则别有用心的"好大哥"，想着拉拢我们、利用我们帮他干坏事。我们要明辨是非，严守底线，绝不能被眼前的小恩小惠所蒙蔽，走上犯罪的道路。

另外，关于"好大哥"说的"未成年人犯罪不会被抓"这种话，薇薇老师可以严肃负责地告诉大家——这是完全不可信的！同学们千万不可心存侥幸拿自己的人生去赌博！

同时，薇薇老师还要强调，现阶段我们的主要任务是学习而不是赚钱。学好文化知识，以后自然有更好的机会和条件赚钱，千万不要学小唐他们任性辍学，过早进入社会闯荡，当心被心怀不轨的"好大哥"盯上哦。

生日会上闹围堵
暴力胁迫抢"钱包"

　　一天晚上，一家KTV的门口站着一个正在抽泣的女孩，旁边还有一伙孩子正在拉扯厮打。没过多久，接到报案的警察便赶到现场，领着这些十几岁的孩子回派出所协助调查。

　　原来，当晚这些孩子一起聚在KTV给小伙伴过生日。其中，一名叫小雪的女孩盯上了另一个女孩小高。小雪计划把小高骗到厕所抢她的手机换钱，就偷偷打电话叫自己的朋友小玲来帮忙。小玲一口答应，还顺便带上了小雯和楠楠一起参与抢劫。

毫无防备的小高被骗到厕所后，先是激烈反抗，但不敌小雪等四人的围殴，不得不交出手机。然而手机的屏幕在厮打中已经摔裂了，换不了几个钱。于是，小雪又胁迫小高将微信钱包里的559元都转账给她们，才放过了她。回到包厢，小高哭泣着告诉了其他朋友自己刚才的经历，这才有了KTV门口的那一幕。

四个女孩中，最大的17岁，最小的只有13岁。美好的年华却因犯罪深陷囹圄，实在让人惋惜。薇薇老师了解到，她们的父母大多工作忙碌或者离异，根本无暇管教她们，从而导致她们缺乏正确的是非观，而肆意妄为，甚至走上违法犯罪的道路。

刑 法

我国《刑法》规定，以非法占有为目的，以暴力、威胁等方式抢走他人财物的行为，无论金额多少，都构成 **抢劫罪**，而且最低法定刑是 **三年以上有期徒刑**。她们的行为已经构成犯罪，等待她们的将是法律的惩罚。

 【薇薇语录】

这几个女孩走上违法犯罪道路，首先是她们缺乏法治观念，追求"高消费"。同时，薇薇还想说：

父母是未成年人的第一责任人，有义务帮助孩子尽早建立规则意识和是非观念，当孩子出现不良行为时，我们应该及时制止和纠正。如果孩子犯下了更严重的错误，甚至是触犯了法律，那么不仅孩子要受到法律的惩罚，连同家长也可能要承担相应的责任。

五、寻求刺激过头的那些事儿

 花季少年沉迷游戏 合伙上演"飞驰人生"

小余从小跟着父母在外地生活。爸爸妈妈由于工作忙碌几乎没时间陪他。每当一个人的时候,小余就只能玩赛车游戏消磨时光。

一天放学后,小余邀请同学小金来家里陪自己一起玩游戏。两人在游戏世界里开着赛车急速飞驰,好不快活,甚至还喝起了冰箱里的啤酒。喝了酒后的小余胆子也大了起来,不满足于只在游戏里开车,想真正过把赛车瘾。

小余和小金来到车库,回忆着游戏里的驾车技术发动了爸爸的摩托车。起初还有点不稳,但很快就适应了。于是,小余得意地载着小金驶向了公路。

一路上，小金直夸小余车技高超，小余听了飘飘然起来，便越开越快，完全没注意到停在路边等红灯的车辆，结果一头撞上车尾，连人带车飞了出去！

刑法

所幸被撞车主及时报警并呼叫救护车，小余和小金才捡回一条命。但是两人还是付出了惨痛的代价，不仅受了重伤，还触犯了我国《刑法》第一百三十三条规定的<u>交通肇事罪</u>。

【薇薇语录】

未成年人出于好奇而偷开车辆的事时有发生，这并不是勇敢的表现，而是对他人和自己生命的不负责。17岁的小余还是未成年人，按照我国道路交通法的相关规定不具备考取驾驶执照的条件，因此小余的行为属于无照驾驶；加上小余骑车前还喝了酒，又属于酒后驾驶。这一系列的危险因素加在一起，最终导致了这场悲剧！

同学们，我们要分清游戏和现实的界限！很多游戏里能做的事情，比如打斗、枪战、非法赛车等，在现实中都是禁止的！薇薇老师希望大家尽量少接触这类游戏，用读书、运动、郊游等健康的休闲方式来欢度我们的课余时光。

 可怕的"开车初体验"

17岁的阿奇是某快递公司的一名员工,每天的工作就是将周边企业的快递放到自己公司的货车上,再由专门的司机开回公司分流。

阿奇一直有一个愿望,就是有朝一日能自己开货车去收件。但阿奇也清楚,自己还是未成年人,还不能考驾照,更不能开车。

一天,阿奇像往常一样去收件。这天的货物特别多,但货车司机却请假了。为此发愁的阿奇意外发现——公司货车和另一辆电动汽车的钥匙全部插在车上!阿奇按捺不住内心对开车的渴望,就想偷偷试驾一小段路。他把这一想法告诉了好友小丹,小丹表示赞同并乐意见证阿奇的"开车初体验"。

  阿奇跳上神往已久的货车驾驶座，启动车子后开始尝试将车子倒出停车位。短短三、四米的倒车车程，车子就熄火了好几次。好不容易才把车倒出来，他围着园区缓缓开了一圈，其间小丹一直在边上步行跟着。

怎么会弄成这样？！

  正当阿奇想把车子倒入原位时，却因技术水平不足无法直接入库。于是，阿奇停下货车，下车进入旁边的电动汽车内，想将这辆车挪一挪好方便倒车。没想到他刚挂上倒档，一脚下去，汽车竟然像离弦之箭一样急速后退，"嘭"的一声撞上了货车。阿奇慌了，忙下车查看。眼前的景象让阿奇惊呆了，小丹倒在了两车之间，鲜血淋漓，阿奇第一时间叫了救护车，但小丹还是失去了生命。

刑 法

阿奇没有想到，只是尝试着在公司园区内练练车，竟会害死自己的好朋友，而且还触犯了《刑法》第二百三十三条涉嫌<u>过失致人死亡罪</u>，让自己变成了一个罪犯。

【薇薇语录】

根据交通法律法规规定，未满18周岁不能驾驶机动车（包括摩托车、汽车），未满16周岁不得驾驶电动自行车，未满12周岁不得驾驶自行车和三轮车，12周岁以上16周岁以下的未成年人驾驶自行车不得载人。

同学们，我们要牢记"对的年龄做对的事"。千万不能越过法律法规去寻求那些不属于我们这个年龄段的"刺激事儿"。像抽烟、喝酒、出入娱乐场所、开车这些成年后才能做的事情，看起来或许很"酷"，但我们并不能触碰，否则就容易受到伤害或者伤害他人，甚至违法犯罪，让自己的青春留下不可挽回的遗憾。

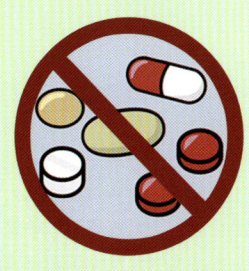

六、远离毒品的那些事儿

 美丽罂粟多危害 毒品之花莫采摘

2019年5月份,浙江省瑞安市禁毒办民警在山上巡逻时发现了一大片争奇斗艳的罂粟花。在我国种植罂粟是明令禁止的,因为罂粟果实是制造鸦片、海洛因等毒品的原材料之一。那么,到底是谁在山上种植了这些看似美丽却很危险的毒品之花呢?

原来,种植这些罂粟的是一位年迈的老太太。老人平日里经常头痛,看过很多医生,试过各种办法,但都没有好转。偶然间听别人说罂粟可以治病止痛,于是老人信以为真,想方设法拿到了罂粟种子,在山上种植了接近200株罂粟。

无独有偶,检察官办理的另一起案件中,同样也是一位老人,在自家承包田内种植了914株罂粟。在民警调查后发现,这位老人还隐藏着不可告人的秘密,他种植罂粟的目的是想等果实成熟出售给不良商贩用于食品加工。

据禁毒办的民警介绍,一些不良商家会把收购过来的成熟的罂粟果实加工成香料,在制作食品的过程加入这些香料来提味。

如果长期食用添加了罂粟壳的食品,会让我们产生依赖,越吃越想吃,不知不觉毒害着我们的身体。为了牟取暴利,一些毒贩还会将这些罂粟壳进行加工提炼,制作成鸦片、吗啡等毒品。

【薇薇语录】

不管出于什么原因,也不论种植多少株,种植罂粟就是违法犯罪行为。对种植少量罂粟的人,公安机关按照《中华人民共和国治安管理处罚法》的规定,处十日以上十五日以下拘留,可以并处三千元以下罚款。种植罂粟500株以上的,根据《中华人民共和国刑法》第三百五十一条的规定,会构成非法种植毒品原植物罪,依法追究刑事责任。

种植罂粟就是种植毒品。毒品不仅是一个人身体、精神上的毒瘤,也是整个社会的毒瘤。罂粟的生命力可是很顽强的,同学们要是在山上发现了罂粟花,一定要记得拨打110电话告诉警察叔叔。在农村生活的同学们要是看到有长辈在种植罂粟,记得一定要告诉他们罂粟碰不得。让我们一起携起手来,使毒品再也没有藏身之地。

追求轻松和自由 吸毒贩毒进铁窗

3月的一天下午,原本约好陪家人一起过生日的小虎突然神秘失踪,家人着急得四处寻找,等来的却是小虎被公安机关以贩卖毒品罪刑拘的消息。17岁的小虎是怎么和毒品打上交道的呢?

由于成绩不佳,小虎初二就辍学跟大姐去做车床流水工。这份工作很辛苦,工资也不高,一心追求"轻松和自由"的小虎很快就放弃了。辞职后,小虎搬到朋友小刚家居住。

在小刚家,小虎得知小刚正在帮一个神秘的上家贩卖一种名叫冰毒的毒品,不但赚钱轻松而且收入可观。出于好奇,加之利欲熏心,小虎不仅吸食了毒品,还加入了贩毒的行列。

检察官：少年，你应该知道的法律那些事儿

在小刚的蛊惑下，小虎将毒品分批放置在路边的草丛中，拍照标注后发送给上家，就此完成一单并获得不菲的报酬。这让小虎更加肆无忌惮。

第四天当小虎再次行动时，被公安机关当场抓获。经查，小虎涉嫌贩卖的毒品有30克左右，法定刑期在有期徒刑七年以上十五年以下。

毒品种类繁多，传统的有鸦片、海洛因、冰毒、K粉等。现如今新型毒品层出不穷——有伪装成小饼干、跳跳糖等零食的，也有伪装成奶茶、咖啡等饮料的，甚至是树枝、花卉，普通人根本难以辨别，我们须严加防范。

传统毒品

新型毒品

【薇薇语录】

小虎一心追求"自由和独立"，渴望成功，却不踏实努力，选择歪门邪道，妄想一步登天，最终深陷囹圄。他的故事让人唏嘘，也让人警醒！

同学们，吸毒不是儿戏，一旦吸食了第一口，就很容易染上毒瘾，从此不能自拔。毒品价比黄金，为了购买毒品，甚至走上盗窃、抢劫、贩毒等犯罪道路，吸毒者往往最后会弄得家破人亡。《中华人民共和国刑法》第三百四十七条规定，走私、贩卖、运输、制造毒品，无论数量多少，都构成走私、贩卖、运输、制造毒品罪，予以刑事处罚，最高刑可以达到死刑！

作为最容易受毒品犯罪侵害的群体，法律禁止青少年去酒吧、KTV、舞厅等娱乐场所。若已身处其中，则千万不要接受热情的"陌生人"给予的新奇食品和饮料等。不要觉得不好意思拒绝，保护自己才最重要。愿大家都吸取小虎的教训，远离毒品，健康成长。

图书在版编目（CIP）数据

检察官：少年，你应该知道的法律那些事儿 / 浙江省瑞安市人民检察院编.
-- 北京：中国检察出版社，2019.11
ISBN 978-7-5102-2336-5

Ⅰ.①检… Ⅱ.①浙… Ⅲ.①法律－中国－少年读物 Ⅳ.① D920.5

中国版本图书馆 CIP 数据核字 (2019) 第 202439 号

检察官：少年，你应该知道的法律那些事儿
浙江省瑞安市人民检察院 / 编

出版发行：	中国检察出版社
社　　址：	北京市石景山区香山南路 109 号（100144）
网　　址：	中国检察出版社（www.zgjccbs.com）
编辑电话：	(010) 86423724
发行电话：	(010) 86423726　　86423727　　86423728
	(010) 86423730　　68650016
经　　销：	新华书店
印　　刷：	北京联合互通彩色印刷有限公司
开　　本：	889 mm×1194 mm　32 开
印　　张：	2.25
字　　数：	44 千字
版　　次：	2019 年 11 月第一版　2022 年 4 月第六次印刷
书　　号：	ISBN 978-7-5102-2336-5
定　　价：	24.00 元

检察版图书，版权所有，侵权必究
如遇图书印装质量问题本社负责调换